DESCRIPTION

D'UNE

GRANDE MASCARADE
JACOBINO-LIBÉRALE

QUI A EU LIEU A PARIS
DANS LE CARNAVAL DE L'ANNÉE 1824.

DESCRIPTION

D'UNE

GRANDE MASCARADE

JACOBINO-LIBÉRALE

QUI A EU LIEU A PARIS

DANS LE CARNAVAL DE L'ANNÉE 1824.

Les sots sont ici-bas pour nos menus plaisirs.

PRIX : 1 franc.

PARIS,

PETIT, Libraire, au Palais-Royal.

DENTU, Libraire, au Palais-Royal.

1824.

20 MARS!

LE Carnaval de cette année n'a été ni plus brillant, ni moins joyeux à Paris que les années précédentes, à l'exception qu'une mascarade d'un nouveau genre, composée de plus de *trois cents* (1) PAILLASSES (2) jacobins et d'un pareil nombre d'ARLEQUINS (2) libéraux, dont la SAINE (3) majorité était décorée de l'ordre du *Bonnet-Rouge* (*), a eu lieu dans cette ville le jour du mardi gras. Tous ces ÉNERGIQUES (4) citoyens étaient remarquables, non-seulement par leur masque pâle et allongé, mais encore par leur langage aussi faux qu'INSIGNIFIANT (5); ils se distinguaient, en outre, par un habit de caractère qui était fort à la mode parmi eux il y a trente ans, sous le nom de HAILLONS (6) jacobins, qu'ils veulent rajeunir aujourd'hui sous celui de GUENILLES (6) libérales; c'est-à-dire qu'ils étaient tout simplement vêtus, comme au bon temps de *quatre-vingt-treize*, d'une carmagnole *blanche* et d'une ceinture *bleue*,

(*) La décoration est une médaille en argent sur laquelle sont gravées, d'un côté, la face du marquis de L***, grand-maître de l'ordre, avec cette maxime : *La révolte est le plus saint des devoirs;* et de l'autre, la déesse de la liberté, aux pieds de laquelle on lit : *5 et 6 octobre.*

coiffés d'un sale bonnet *rouge*, et chaussés d'une paire de gros sabots ; avec tout cela, *sans-culottes* et *sans-chemises :* en un mot, leur bizarre costume répondait parfaitement à leur hideuse physionomie.

Parmi ces INDIGNES (7) chianlits, on voyait avec la plus vive RÉPUGNANCE (8) plusieurs personnages TACITURNES (9) déguisés en bêtes féroces, comme tigres, ours, lions, et autres cruels animaux qui habitent ordinairement les hautes MONTAGNES (10). Chacun de ces loups-garous, PENSANT (11), RAISONNANT (11), AGISSANT (11), portait la décoration de la *lanterne* (*) ; les uns étaient armés de larges coupe-têtes ou d'énormes massues, et les autres de longues piques, au bout desquelles étaient suspendus les effroyables portraits des INFAMES (12) Robespierre, Marat, Couthon, etc. (13), si HONTEUSEMENT (14) célèbres dans les fastes révolutionnaires ; on n'entendait de la part de ces cannibales que blasphêmes horribles, qu'imprécations atroces ou hurlemens affreux, au nombre desquels on distinguait ceux-ci : *Vive l'anarchie* (15) ! *Vive la terreur* (15) ! *Vive l'enfer* (15) !

Une seconde bande de masques, forte de *cent cinquante* (16) chevaliers de la LIBERTÉ (17), venait

(*) Celle-ci est une médaille en cuivre sur laquelle sont représentées, d'un côté, les têtes des triumvirs Robespierre, Marat, Couthon, fondateurs de l'ordre, avec ces mots : *Les morts ne reviennent pas ;* et de l'autre, une potence, au bas de laquelle on lit : *2 et 3 septembre.*

ensuite : ceux-ci avaient pour habillement un manteau *rouge*, une tunique *blanche* et une écharpe *bleue*; pour chaussure le cothurne romain, et pour coiffure le casque grec, surmonté d'un superbe panache aux GLORIEUSES (18) couleurs. Ces HÉROÏQUES (19) guerriers, armés jusqu'aux dents, et décorés de l'ordre militaire de la *Violette* (*), criaient à tue-tête, en l'honneur de leur fausse divinité : *Vive l'empereur* (20) ! *Vive la liberté* (20) ! *Vive la guerre* (20) !

Il est bon d'observer que les braves chevaliers de l'EXCELLENTE (21) révolution portaient tous du même côté la marque distinctive de leur ordre, c'est-à-dire, à GAUCHE (22), et qu'un d'eux portait de plus un vieux DRAPEAU (23) soi-disant *national*, sur lequel étaient tracées en gros caractères ces maximes sanguinaires ; d'un côté : *L'union fait la force : levons-nous et armons-nous contre tous ces prêtres, ces nobles et ces royalistes!* et de l'autre : *Nous les dévorerons tous! Les morts ne reviennent* JAMAIS (24) !

Les troupes unies JACOBINO (25)-LIBÉRALES (25) étaient commandées par le très-noble et très-libéral marquis de L*** (26), surnommé le Bayard amé-

(*) La décoration de cet ordre est une croix en émail à l'effigie de l'empereur N***, souverain grand-maître, avec cette devise : *Plutôt la mort que l'esclavage* ; au revers, on voit la fleur printannière, au-dessous de laquelle on lit : *20 mars*.

Nota. L'insigne de chaque ordre est supporté par un ruban tricolore.

ricain (27), généralissime des armées CONSTITUTIONNELLES (28); ce chevalier de la triste figure, monté sur une haridelle blanche, et armé de pied en cape, haranguait de temps à autre la multitude, et terminait toujours ses fastidieuses rodomontades par ce terrible défi : *Bonnes gens qui m'écoutez, si vous ne dites avec moi que l'*AGITATION MARCHE (29) *et que la* RÉVOLTE EST UN DEVOIR (30), *vous serez hachés menu comme chair à pâté.*

Un grand flandrin de COURRIER (31) déguisé en CHARRETIER (32) et porté par un roussin d'Arcadie, précédait la horde jacobine et la cohue libérale pour annoncer leur passage. Ce chaud partisan des LUMIÈRES (33) *empoignait* de la main *gauche* (34) une torche incendiaire, en guise de fouet, et criait sans cesse d'une voix de Stentor : *Place, place, chapeaux bas aux très-honorables, très-illustres et très-redoutables* FRÈRES *et* AMIS (35).

Ce cortége grotesque commença sa marche triomphale au marché des *Jacobins*, où l'on s'était assemblé; passa d'abord par la rue de la *Corderie*, celles de la *Boucherie*, des *Frondeurs* et des *Mauvaises-Paroles;* se rendit ensuite à la place de Grêve par la rue aux *Ours*, celles des *Singes* et du *Grand-Hurleur;* et de là dans les rues de la *Lanterne*, de la *Mortellerie* et des *Lions;* quitta le quartier de l'Hôtel-de-Ville pour aller dans le faubourg Saint-Marceau, où il traversa la place Maubert, et parcourut les rues de *Judas*, des *Marmouzets* et de la *Bourbe;* revint, après cela, par le faubourg Saint-

Germain, dans lequel il suivit le quai *Voltaire*, la rue des *Mauvais-Garçons*, celles de *Bonaparte* et de l'*Egout*; se rendit enfin au Champ-de-Mars par la rue *Napoléon*, celles des *Batailles* et de la *Grande-Voirie*.

Une musique aussi bruyante que discordante accompagnait cette burlesque mascarade et exécutait, par intervalles, les airs chéris des DESCAMISADOS (36) français, tels que *Dansons la carmagnole*, *Les aristocrates à la lanterne*, et beaucoup d'autres chants homicides, auxquels tous ces énergumènes répondaient par des cris de joie, des trépignemens et des battemens de mains épouvantables; mais RIRA BIEN QUI RIRA LE DERNIER (37) : en effet, par malheur pour la bande infernale, quelques-uns de ceux qui la composaient, fatigués, ou peut-être même *honteux* de jouer trop long-temps une aussi pitoyable farce, firent la *gaucherie*, ou si l'on veut commirent l'ERREUR (38) de se démasquer en passant sur la place de la RÉVOLUTION (39); il fallait voir alors le beau charivari que cela fit lorsque les nombreux spectateurs reconnurent les MASQUES (40); on n'eut vraiment aucune pitié d'eux; c'était à qui les accablerait d'injures, leur lancerait des pierres ou les couvrirait de boue; ce n'était qu'une voix : *Ho! les chianlits! ho! les chianlits! qu'ils sont répugnans! allez donc vous coucher!* etc. (41)

Enfin, tous ces INNOCENS (42) citoyens qui depuis un certain temps affectionnent singulièrement les PERRUQUES (43), en reçurent ce jour-là des mieux conditionnées de la part du public, car ils furent complétement baffoués, hués, sifflés et même battus par lui, et n'eurent que le temps, après cet ÉVÉNEMENT (44), d'aller s'ISOLER (45) dans leur repaire, d'où ILS NE SORTIRONT PLUS (46), s'il plaît à Dieu!

En toute chose il faut considérer la fin.

NOTES EXPLICATIVES

ET

REMARQUES PARTICULIÈRES SUR LA MASCARADE LIBÉRALE.

Trompeurs, c'est pour vous que j'écris.

---

(1) On devine facilement que c'est la Convention de *honteuse* mémoire que les saltimbanques jacobins et les baladins libéraux ont voulu représenter par cette première troupe de masques, puisque cette assemblée, prétendue *nationale*, était composée de *six cents* membres, dont la majorité, malgré tout ce qu'on en peut dire, était cruellement factieuse.

L'orgueil, la trahison, la fureur, le trépas,
Dans des ruisseaux de sang marchaient devant leurs pas.
(*La Henriade*, de Voltaire.)

(2) Le nom de Paillasse convient d'autant mieux aux Jacobins et celui d'Arlequin aux Libéraux, qu'on ne voit communément chez les uns, que de mauvais bouffons, et parmi les autres que d'intrigants caméléons, qui n'ont cessé et ne cesseront de chanter la palinodie, en criant tour à tour et indifféremment *Vive le Roi ! Vive la Ligue !*

Qui de leur misérable et servile génie
Vont dans tous les partis traîner l'ignominie.
(*La Foudre*, journal.)

(3) On est encore à savoir comment un Ministre du Roi, un Député français, a pu avancer et chercher à prouver que *la majorité de la Convention était* SAINE.....

Le supplice de l'infortuné Louis seize et le massacre de cent mille victimes comme lui, les proscriptions sans nombre, et les spoliations de toutes espèces, le pillage et l'incendie des propriétés, la guerre civile et étrangère, la famine dans l'intérieur, tant de crimes et de calamités ordonnés ou provoqués par les décrets tyranniques de cette monstrueuse assemblée, ne prouvent-ils pas jusqu'à l'évidence l'absurdité d'une telle opinion?

L'honneur de contredire a pour lui tant de charmes,
Qu'il prend contre lui-même assez souvent les armes;
Et *ses vrais sentimens sont combattus par lui*
Aussitôt qu'il les voit dans la bouche d'autrui.
(*Le Misantrope*, de Molière.)

(4) Expression favorite des *indignes* Jacobins et des *infâmes* Libéraux, *qui se plaisent à faire journellement de séditieux appels à l'*ÉNERGIE *du peuple.....*

Jusqu'à quand voulez-vous, malheureux politiques,
Allumer les flambeaux des discordes publiques?
(*La Henriade*, de Voltaire.)

(5) Suivant les principes subversifs des mêmes hommes, le trône appartient au premier occupant, pourvu cependant que ce possesseur ne soit pas un Bourbon, parce que *la légitimité est un mot* INSIGNIFIANT, *et l'usurpation un autre mot sans* VALEUR....

Quand l'absurde est outré, on lui fait trop d'honneur
De vouloir, par raison, combattre son erreur.
(*Fables de La Fontaine.*)

(6) Les dénominations de *haillons* et de *guenilles* répondent convenablement à l'expression indécente, ou pour mieux dire insolente, d'un Député *excellemment* libéral, qui a dit à la tribune : *qu'il fallait se garder d'étendre le manteau royal sur les* GUENILLES *ministérielles......*

> Grand et sublime effort d'une imaginative
> Qui ne cède en vigueur à personne qui vive.
> (*L'Etourdi*, de Molière.)

Aussi, toute la clique révolutionnaire n'a-t'elle pas manqué de s'extasier devant cette belle fleur de rhétorique, ce chef-d'œuvre d'éloquence libérale.

> Son humeur satirique est sans cesse nourrie
> Par le coupable accent de votre flatterie ;
> Et son cœur à railler trouverait moins d'appas,
> S'il avait observé qu'on ne l'applaudit pas.
> (*Le Misantrope*, de Molière.)

(7) La qualification d'*indigne* fut donnée au régicide G***, par les fidèles députés de la France, qui le repoussèrent *comme* INDIGNE *de siéger parmi eux*, lorsqu'il fut nommé par une secte impie, membre de la Chambre.

> C'est un méchant métier que d'être libéral,
> A celui qui l'embrasse il est toujours fatal.
> (*La Foudre*, journal.)

C'est cependant ce misérable *frère* que des *amis*, aussi pervers que lui, ont eu l'impudence de décorer du titre de *vertueux......* quelle insigne et plate flagornerie!

> Du mensonge toujours le vrai demeure maître :
> *Pour paraître honnête homme, en un mot, il faut l'être ;*
> Et jamais, quoi qu'il fasse, un mortel ici-bas
> Ne peut aux yeux du monde être ce qu'il n'est pas.
> (*Satires de Boileau.*)

(8) On *répugne* à croire qu'il se soit trouvé un député assez *infâme* pour avoir osé dire en pleine tribune que *la nation avait vu avec* **RÉPUGNANCE** *le retour en France de la Famille royale*....

Le perfide! à quel point son insolence monte!
Ses horribles discours tourneront à sa honte :
Ce que le sang lui donne il le doit accepter;
Et *s'il n'aime son prince, il le doit respecter.*
(*La Thébaïde*, de Racine.)

C'est vous, vrais *parias* révolutionnaires,
Vous, ennemis des rois, des lois et du repos,

que la nation voit avec dégoût et mépris : elle honore autant qu'elle chérit ses princes légitimes, et *ne veut pas de vous.*

Rois, chassez la calomnie :
Ses criminels attentats
Des plus paisibles états
Troublent l'heureuse harmonie.
(*Esther*, de Racine.)

(9) Le nom de TACITURNE a été donné aux Jacobins et celui de SOURNOIS aux Libéraux, lors de l'heureuse naissance de S. A. R. le Duc de Bordeaux.

Posthume rejeton né parmi les ruines
D'un arbre si fécond coupé dans ses racines.
O vous, qui remplissez notre espoir le plus doux,
Veillez toujours sur lui, Dieux qui veillez sur nous!
Dieux, qui l'avez fait naître, achevez votre ouvrage;
Que tous vos attributs deviennent son partage;
Qu'il soit par vous un jour le modèle des rois;
Qu'il protége les arts, fasse régner les lois;
Qu'il soit enfin, qu'il soit ce qu'eût été son père;
Et plus heureux que lui, dans sa longue carrière,
Qu'il réunisse seul à nos yeux éblouis,
Les vertus d'*Henri-Quatre* et le cœur de *Louis*.
(*Ode sur la naissance du Duc de Bordeaux.*)

(10) Allusion aux compagnons furibonds du tyran Robespierre, si *honteusement* connus sous le nom de MONTAGNARDS, qui leur a été donné parce qu'ils siégeaient sur les hauts bancs de l'horrible Convention, dont les sanglantes saturnales rappèlent de si chers souvenirs dans le méchant esprit de nos vieux Jacobins, et excitent de si vifs désirs dans le cœur brûlant de nos jeunes Libéraux.

La haine, la fierté, la vengeance, la rage,
Le désespoir, l'orgueil sont peints sur leur visage.
(*La Henriade*, de Voltaire.)

(11) C'est avec une infinité de mots plus *insignifiants* les uns que les autres, que les astucieux professeurs de jacobinisme et de libéralisme se sont créé un langage particulier, au moyen duquel ils se moquent journellement de quelques disciples fanatiques, dont les uns sont des sophistes frondeurs ou barbons philosophes, aussi simples que crédules, et les autres de studieux réformateurs ou légistes imberbes, non moins turbulens qu'insensés, qui, tous, ont la sottise d'écouter et même d'admirer les vieux thèmes de ces maîtres charlatans.

Ces gens, pour la plupart, sont masques de théâtre;
Leur apparence impose au vulgaire idolâtre.
(*La Foudre*, journal.)

Il faut convenir, au surplus, que tous ces écoliers PENSANT, RAISONNANT, AGISSANT, montrent autant de capacité que de zèle, et qu'ils profitent parfaitement des *excellentes* leçons que les grands propagateurs de *lumières* ont soin de leur donner avec tant de *libéralité*, puisqu'ils possèdent à fond et mettent tous les jours en pratique, d'une manière aussi *énergique* que *glorieuse*, la science sublime du plus *saint* des devoirs ; de laquelle ils n'en continuent pas moins à suivre très-assiduement le cours merveilleux, afin de ne rien perdre de ce qu'ils ont si heureusement appris.

Leur savoir à la France est beaucoup nécessaire!
Et *des livres qu'ils font la cour a bien affaire!*
Il semble à trois gredins, dans leur petit cerveau,
Que, pour être imprimés et reliés en veau,
Les voilà dans l'Etat d'importantes personnes;
Qu'avec leur plume ils font les destins des couronnes;
Qu'au moindre petit bruit de leurs productions,
Ils doivent voir chez eux voler les pensions.
(*Les Femmes Savantes*, de Molière.)

(12) L'épithète d'*infâme*, qui convient si bien aux brigands de la *Montagne* comme à tant d'autres gens de leur espèce, a été donnée par un brave royaliste à un *vilain* libéral.

D'ailleurs, mauvais esprit qui décide, qui fronde,
Parle bien de lui-même, et mal de tout le monde;
(*Le Méchant*, de Gresset.)

et qui, selon sa louable coutume, insultait gratuitement la noblesse française devant la Chambre des Députés, à laquelle insulte l'honorable membre répondit par cette vigoureuse apostrophe : *Vous êtes un* INFAME!!!......

Autant qu'il faut de soins, d'égards et de prudence
Pour ne point accuser l'honneur et l'innocence,
Autant il faut d'ardeur, d'inflexibilité,
Pour déférer un traître à la société;
Et *l'intérêt commun veut qu'on se réunisse*
Pour flétrir un méchant, pour en faire justice.
(*Le Méchant*, de Gresset.)

C'est une chose vraiment détestable que d'entendre sans cesse cette caste de plébéïens déclamer hautement, et sans mesure, contre la classe nobiliaire, tandis que pour la plupart, ces ambitieux caméléons sont eux-mêmes comblés de dignités et de richesses, avantages dont ils ne jouiraient certainement pas aujourd'hui sans la *généreuse* révolution à laquelle, sous ce rapport comme sous mille autres, ils ont d'*excellentes* obligations ; mais qui ne sait que tous ces prétendus *patriotes* ne veulent que *leur bien premièrement, et puis le mal d'autrui.*

Nés dans l'obscurité, nourris dans la bassesse,
Leur haine pour les rois leur tient lieu de noblesse.
(*La Henriade*, de Voltaire.)

(13) La postérité refusera de croire que le glorieux et beau pays de France fut long-temps courbé sous le joug sanguinaire des féroces sicaires de la Convention, comme Robespierre, Marat, Couthon, etc.

Monstres! qu'a trop long-temps épargné le tonnerre,
Reste impur des brigands qui désolaient la terre!
(*Phèdre*, de Racine.)

et surtout qu'après leurs cruautés inouïes, de semblables scélérats aient pu conserver des partisans.

Il en est jusqu'à *vingt* que je pourrais compter.

(14) Un membre de la droite a très-judicieusement observé, en parlant de la Convention, que *cette assemblée démocratique était* HONTEUSEMENT *célèbre....*

Cette remarque tend à démontrer, et l'expérience n'a malheureusement que trop prouvé, que *le pire des Etats c'est l'Etat populaire.*

Lorsque le peuple est maître, on n'agit qu'en tumulte :
La voix de la raison jamais ne se consulte;
Les honneurs sont vendus aux plus ambitieux,
L'autorité livrée aux plus séditieux.
(*Cinna*, de Corneille.)

(15) Les vociférations, comme celles de *Vive l'Enfer!* etc., étaient bien dignes de sortir de la bouche des farouches *Vampires* de la révolution; funeste exemple! qui, il faut le dire à la honte des libéraux, trouve aujourd'hui parmi eux de frénétiques imitateurs!

On les entend mêler, dans leurs vœux fanatiques,
Les imprécations aux prières publiques;
Et leurs profanes chants et leurs cris furieux
Semblent à leur révolte associer les cieux.
(*La Henriade*, de Voltaire.)

(16) L'effectif de la grande armée *iusurrectionnelle*, commandée par le très-*glorieux* chevalier B***, le grand *libérateur* de la patrie, était de *cent cinquante* hommes à l'époque du 24 février 1822, jour de son entrée en campagne, de sa défaite et de sa prompte disparition.

La trame la mieux ourdie
Peut nuire à son inventeur;
Et souvent la perfidie
Retourne sur son auteur.
(*Fables de La Fontaine.*)

Combien de grands *penseurs*, *raisonneurs* et *agitateurs* comme lui, tels que Pépé-Rossignol, Riégo-Santerre, Quiroga-Henriot, Mina-Jourdan et compagnie, devraient se pénétrer de ce grand précepte!

Mais, enfin, Dieu a voulu que le Don-Quichotte libéral fût exemplairement puni de ses criminels attentats.

Celui qui met un frein à la fureur des flots
Sait aussi des méchans arrêter les complots.
(*Athalie*, de Racine.)

(17) Pauvre LIBERTÉ! quel est ton sort! et par quelle fatalité ton nom cher et sacré est-il toujours invoqué, ou

plutôt profané par des êtres aussi impies que pervers qui osent encore se dire les zélés et fidèles serviteurs de ton culte divin, après avoir si long-temps arrosé tes autels du sang de leurs nombreuses victimes!

Mânes trop généreux, vous n'en rougissez pas,
Vous n'êtes point flétris par de honteux trépas:
Vos noms toujours fameux vivront dans la mémoire;
Et *qui meurt pour son roi meurt toujours avec gloire.*
(*La Henriade*, de Voltaire.)

En te rappelant les horribles sacrifices que, dans leur aveugle fureur, ces indignes sectateurs ont fait autrefois en ton nom, tu rejetteras leur encens impur et tu refuseras également de croire aux nouvelles protestations de tes plus grands ennemis, comme aux hommages fallacieux de tes belliqueux admirateurs.

La vérité par vous peut-elle être attestée,
Vous, malheureux, assis dans la chaire empestée
Où le mensonge règne et répand son poison;
Vous, nourris dans la fourbe et dans la trahison!
(*Athalie*, de Racine.)

Repousse-donc loin de toi, auguste *Liberté*, et chasse impitoyablement de ton saint temple tous ces adorateurs hypocrites et parjures, dont les mains sacriléges veulent encore te dresser des statues, et les bouches mensongères chanter tes louanges.

Les hommes, la plupart, sont étrangement faits;
Dans la juste nature on ne les voit jamais:
La raison a pour eux des bornes trop petites;
En chaque caractère ils passent ses limites;
Et *la plus noble chose ils la gâtent souvent*
Pour la vouloir outrer et pousser trop avant.
(*Le Tartufe*, de Molière.)

(18) Un certain général, surnommé l'ACHILLE libéral, parce qu'il a les poumons aussi *énergiques* que le caractère *heroïque*; et qui se plaît, comme tous ses chers acolytes, à faire continuellement un coupable abus des priviléges de la tribune, n'a pas craint d'y prononcer un jour l'éloge funèbre de la cocarde tricolore, que, dans un beau moment de tendresse et par un grand mouvement pathétique, *il a qualifié de* GLORIEUSE *cocarde....*

Voilà de ses pareils le discours ordinaire :
Voilà les contes bleus qu'il faudrait pour leur plaire.
(*Le Tartufe*, de Molière.)

Cette idée *lumineuse*, comme on sait, a valu à son *excellent* auteur de *glorieux* éloges de la part de la gente libérale.

Tel vous semble applaudir, qui vous raille et vous joue ;
Aimez qu'on vous conseille et non pas qu'on vous loue.
(*Art Poétique*, de Boileau.)

(19) Autre expression favorite des *sans-culottes* français et des *sans-chemises* espagnols, dignes *héros* de la *carmagnole* et de la *tragala*, qui naguère encore ne cessaient de nous répéter dans leur style emphatique et dans leurs déclamations furibondes, que l'*Espagne était le sol* HÉROIQUE *de la liberté.....*

Que tout pays livré à la révolte soit pour les *Descamisados* franco-espagnols la terre promise, le sol par *excellence*; certes, cela ne surprend pas ceux qui connaissent parfaitement les *honteux* principes de tous ces démagogues en *guenilles*.

Ne sait-on pas qu'ils sont, sur toutes les affaires,
Loueurs impertinens, ou censeurs téméraires?
(*Le Misantrope*, de Molière.)

(20) Quand les ardens partisans du despotisme impérial cesseront-ils donc de nous dire, à leur tour, avec toute l'ef-

fronterie qui les caractérise, qu'ils veulent sincèrement le bonheur et la gloire de leur pays, lorsque ces *infâmes* organisateurs de la révolte font journellement les efforts les plus grands pour susciter partout le désordre et la guerre !

Oui, messieurs les chevaliers de la *Violette*, nous savons, à n'en pas douter, que *vous désirez le bien du peuple* à la façon de vos chers *frères* les Jacobins et de vos bons *amis* les Libéraux, qui veulent, ainsi que vous, nous faire jouir de la liberté à coups de canon et de baïonnettes ; mais, nous vous le répétons, et la France entière le déclare avec nous, *nous ne voulons ni de vous, ni des dangereuses institutions que vous prétendez nous donner.*

Ainsi certaines gens, faisant les empressés,
S'introduisent dans les affaires :
Il font partout les nécessaires,
Et partout importuns devraient être chassés.
(*Fables de La Fontaine.*)

(21) Par suite d'un de ses *énergiques* mouvemens oratoires qui sont si communs chez lui, le bouillant ACHILLE de la cohorte libérale eut un jour l'impudence de faire devant la Chambre des Députés, l'apologie d'une révolution *honteusement* mémorable par tous les genres de crimes qu'elle a produits, et que, malgré cela, ce fougueux personnage *a dit être* EXCELLENTE.....

Cette pensée, aussi insensée qu'abominable, fait concevoir aisément que l'époque où l'*agitation* marchait si *énergiquement*, est considérée comme un temps *excellent* par les traîtres jacobins et par les parjures libéraux.

Chacun tourne en réalités
Autant qu'il peut ses propres songes :
L'homme est de glace aux vérités,
Il est de feu pour les mensonges.
(*Fables de La Fontaine.*)

(22) Dans les premières assemblées législatives, les *lumineux* orateurs de la *bienfaisante* révolution siégeaient au côté *gauche* : il n'est donc pas étonnant de voir aujourd'hui leurs fidèles prosélytes, les Démosthènes jacobins et les Cicérons libéraux, imiter ce bel exemple, c'est-à-dire donner aussi aveuglément à GAUCHE que l'ont fait leurs *excellens* maîtres.

Insupportables discoureurs,
Qui, non guéris de l'ignorance
Dont on a pétri leur enfance,
Restent noyés dans mille erreurs. (*Œuvres de Gresset.*)

(23) Personne n'ignore que, dans leur pathos prosaïque, comme dans leur jargon poétique, les folliculaires jacobins et les Anacréons libéraux, appellent le sanglant étendard de la rébellion, *le vieux* DRAPEAU *aux glorieuses couleurs*... véritable jonglerie! non moins audacieuse que révoltante!

(24) Si *les morts ne reviennent jamais*, les vivans, en revanche, reviennent bien pour eux; on en a eu la preuve dans le retour en France des *infâmes* régicides contre lesquels un ministre du roi s'était fortement prononcé, en proclamant du haut de la tribune qu'*ils ne rentreraient* JAMAIS....... Tandis qu'immédiatement après cette déclaration solennelle, on obtint de l'inépuisable clémence du monarque le rappel de plusieurs de ces mêmes hommes, auxquels on est en droit d'adresser ces terribles paroles :

Le sang de votre roi s'élève contre vous!

Comment est-il possible de tromper aussi indignement une nation toute entière !

Des malheurs qui sont sortis
De la boîte de Pandore,
Celui qu'à meilleur droit tout l'univers abhorre
C'est la fourbe, à mon avis.
(*Fables de La Fontaine.*)

(25) Le grand principe que l'*union fait la force* forme la base fondamentale d'un pacte hostile, ou traité d'alliance offensif et défensif, conclu depuis long-temps entre les chefs respectifs de la faction JACOBINO-LIBÉRALE, en vertu duquel les deux puissances coalisées se sont conjointement et solidairement engagées à soutenir une guerre à mort aux fidèles défenseurs de l'autel et du trône, et, par conséquent, à ne mettre bas les armes qu'après l'entière destruction des deux sectes catholique et monarchique, objets de leur haine implacable, d'où il résulte qu'*union* est le mot d'ordre et que *force* est celui de ralliement.

Assez de bons sujets dans toutes les provinces
Par des vœux impuissans s'acquittent vers leurs princes;
Tous les peuvent aimer: mais tous ne peuvent pas
Par d'illustres effets assurer leurs états;
Et l'art et le pouvoir d'affermir des couronnes
Sont des dons que le ciel fait à peu de personnes:
De pareils serviteurs sont les forces des rois,
Et de pareils aussi sont au-dessus des lois.
(*Horace*, de Corneille.)

(26) Qui ne reconnaît ce noble champion et qui ne sait que le NESTOR des libéraux n'est pas aussi *héroïquement* célèbre qu'on veut bien nous le dire?

C'est un poids bien pesant qu'un renom trop fameux
Pour qui n'en soutient pas le fardeau dangereux.
(*La Henriade*, de Voltaire.)

(27) Il est encore inutile d'observer que ce fier *indépendant*, malgré ses *glorieux* exploits dans les deux mondes, n'a rien de commun avec le brave chevalier BAYARD, auquel ses *excellents* amis ont la sottise de le comparer, parce que

chacun sait très-bien que le premier apôtre de la *sainte* révolution n'est pas *sans peur ni sans reproche;* c'est pourquoi nous lui dirons :

> Quand sur une personne on prétend se régler,
> C'est par les beaux côtés qu'il lui faut ressembler.
> (*Les Femmes Savantes*, de Molière.)

(28) Que de noms différens les révolutionnaires français n'ont-ils pas portés depuis trente ans, puisque dans cet espace de temps ils se sont successivement fait connaître sous ceux de *philosophes* et de *patriotes*, de *sans-culottes* et de *terroristes*, de *jacobins* et de *républicains*, de *bonapartistes* et d'*impérialistes*, d'*indépendans* et de *libéraux ;* les voilà maintenant CONSTITUTIONNELS ; que deviendront donc tous ces factieux abominables lorsque (comme toutes celles qu'ils ont adoptées jusqu'à ce jour) ils seront parvenus à rendre odieuse cette dernière qualification ?

> Ce qu'ils vantent est méprisable :
> Ce qu'ils méprisent est louable.
> (*La Foudre*, journal.)

(29) A une certaine époque, un noble pair annonça à la tribune que l'AGITATION MARCHAIT..... ; ne pouvait-on pas lui dire alors comme à présent : *Qu'est-ce qui la fait marcher cette agitation si ce n'est tous ces agitateurs infatigables qui, par leurs discours incendiaires et par leurs tentatives criminelles, ne cessent d'exciter le peuple à la révolte contre l'autorité légitime ?*

> Eternels ennemis des suprêmes puissances,
> Et dans le trouble seul mettant leurs espérances.
> (*Athalie*, de Racine.)

(30) Le préambule de Code révolutionnaire est ainsi conçu :

« Nous, membres composant le très-puissant gouverne-
« ment *insurrectionnel* des Français, par la grâce du *glo-*
« *rieux* peuple souverain, et les *excellentes* lois de la Répu-
« blique, à tous présens et à venir, SALUT :

« Considérant que, dans un pays libre et civilisé, il ne
« peut exister d'usurpation, parce que la légitimité est un
« vain mot, ou plutôt un principe illusoire, et que, dans
« tous les cas, le peuple souverain a le droit de recourir à
« son *énergie* contre toute espèce de gouvernement, lors-
« qu'il juge convenable d'en changer la forme, parce que sa
« justice est grande et majestueuse comme lui, et que,
« moyennant cela, tout ce qu'il fait est légal;

« A ces causes, et sur le rapport de notre honorable chan-
« celier, le comité-directeur entendu, NOUS AVONS DÉ-
« CRÉTÉ ET DÉCRÉTONS ce qui suit :

« Article Ier. L'INSURRECTION EST LE PLUS SACRÉ DES
« DROITS ET LE PLUS INDISPENSABLE DES DEVOIRS.

« Art. II. Nul n'est bon citoyen s'il n'a pour la monarchie
légitime la plus grande *répugnance*, et pour le gouverne-
« ment *insurrectionnel* l'amour le plus *énergique*.

« Art. III. Tout individu qui aura fait partie de quelque
« comité conspirateur ou d'un corps quelconque d'*insurgés*
« tendant à détruire le gouvernement prétendu légitime,
« aura bien mérité du peuple souverain et, comme tel, sera
« très-*libéralement* récompensé par *la patrie reconnais-*
« *sante*.

« Art. IV. Seront réputés traîtres et rebelles à la même
« patrie, et punis suivant la rigueur des lois, sans distinction
« d'âge ni de rang, tous Français qui seront reconnus, ou

« même *suspectés* ne pas professer les *excellens* principes « libéraux.

« Art. V. Les jeunes gens des classes *pensante*, *raisonnante*, *agissante*, sont appelés à concourir au grand « œuvre de la régénération politique, consistant dans le renversement de l'*odieuse* monarchie et le rétablissement de « la *glorieuse* république.

« Art. VI. MANDONS et ORDONNONS à tous les fonctionnaires publics des villes, bourgs et villages de France, sous « peine d'être considérés et traités comme *factieux*, d'accorder pleine et franche protection, et même, en cas d'urgence, de donner main-forte aux *héros* patriotes, chargés « d'anéantir partout et à jamais le pouvoir aussi illégal que « tyrannique de quelques despotes couronnés, que de vils « esclaves appellent rois.

« Notre chancelier et le général en chef de nos armées sont « chargés, chacun en ce qui le concerne, de l'exécution du « présent décret.

« Donné à Paris, au palais directorial, le vingt-quatrième « jour du mois de pluviose de la vingt-huitième année de la « république française, une et indivisible (*13 février 1820*, « vieux style). »

(Suivent les signatures.)

Nota. On ne saurait trop féliciter les *agitateurs* jacobins et les *provocateurs* libéraux, sur le zèle, la ponctualité et surtout l'*énergie* qu'ils apportent dans l'exécution des lois de leur *excellent* gouvernement.

(31) On peut dire ici que *le personnage est reconnaissable à sa monture*, puisque le COURRIER dont il est question, n'est autre chose que le plat journal anti-*français*, que les *chianlits* révolutionnaires ont jugé à propos de faire figurer dans leur *répugnante* mascarade.

(32) Est-il rien de plus pitoyable comme de voir la conduite extravagante que tiennent chaque jour tous ces soi-disant *constitutionnels* qui, sous des prétextes aussi captieux que perfides, ne cherchent qu'à porter en France le scandale et le trouble?

Qui traînent avec eux les rapports, les horreurs,
L'esprit de fausseté, l'art affreux des noirceurs,
Abhorrés, méprisés, couverts d'ignominie,
Chez les honnêtes gens demeurent sans patrie.
(*Le Méchant*, de Gresset.)

Car, qu'est-ce qui n'est pas convaincu qu'intérieurement tous ces aboyeurs de trétaux et tous ces cabaleurs de places ne sont pas plus dévoués à cette charte sacrée, dont ils se montrent les fougueux partisans, qu'à l'auguste monarque qui a daigné nous la donner?

Aussi ne vois-je rien qui soit plus odieux
Que le dehors plâtré d'un zèle spécieux,
Que ces francs charlatans, que ces jongleurs de place
De qui la sacrilége et trompeuse grimace
Abuse impunément et se joue à leur gré
De ce qu'ont les mortels de plus saint et sacré;
Ces gens qui, par une âme à l'intérêt soumise,
Font de rébellion métier et marchandise,
Et veulent acheter crédit et dignités
Au prix de faux discours et d'élans affectés.
(*Le Tartufe*, de Molière.)

Il faut donc, messieurs les CHARTIERS, pour que les honnêtes gens puissent vous accorder leur confiance, et vous croire dignes de conduire à bon port le char de l'Etat (ce qui est bien difficile, pour ne pas dire impossible), il faut, dis-je, commencer par honorer le divin Maître et aimer le souverain légitime, au lieu de blasphémer l'un et d'outrager l'autre, révérer les ministres de la religion et respecter les fonctionnaires publics, plutôt que d'insulter les premiers et de calomnier les derniers.

Combien de temps, Seigneur, combien de temps encore
Verrons-nous contre toi les méchans s'élever?
Jusque dans ton saint temple ils viennent te braver;
Ils traitent d'insensé le peuple qui t'adore!
(*Athalie*, de Racine.)

Comme aussi, ne plus décorer la licence du nom de *liberté*; considérer le crime comme une *erreur*, et la sédition comme un acte d'*héroïsme*; appeler la révolution *excellente*, et ses couleurs *glorieuses;* traiter la trahison de *patriotisme*, la religion de *fanatisme*, et la soumission aux lois d'*esclavage*; et, enfin, ne plus qualifier la royauté de *tyrannie*, et la fidélité de *félonie*, ainsi que vous le faites dans les sales libelles que votre mauvais génie ne cesse d'enfanter;

Mais dans ce siècle à la révolte ouvert
L'impiété marche à front découvert:
Rien ne l'étonne, et le crime rebelle
N'a point d'appui plus intrépide qu'elle.
(*Œuvres de Racine fils.*)

(33) Encore un des grands mots du *manuel* des libéraux, qui, avec toutes leurs belles *lumières*, n'en voient cependant pas plus clair.

On remarque à cet égard que les Jacobins ont eu aussi leur *manuel*, et que, malgré le progrès des LUMIÈRES, la copie de 1825 ne vaut pas mieux que l'original de 1793.

A cela près, on ne peut disconvenir que *le siècle marche* d'une manière vraiment *héroïque*, et que c'est aux *excellentes* idées libérales qu'on doit attribuer ce grand miracle, car enfin les obscurs chevaliers de l'*éteignoir* ont beau ne pas se rendre à l'évidence et vouloir rester éternellement dans d'épaisses ténèbres, il n'en est pas moins vrai qu'autrefois les *lumineux* chevaliers de la *lanterne* se bornaient a proclamer *la guerre aux châteaux et la paix aux chaumières*, et qu'aujourd'hui ces vertueux citoyens provoquent le pillage des uns et exécutent l'incendie des autres, parce que le prodigieux accroissement des *lumières* le veut ainsi.

La vérité terrible ici fait leurs supplices:
Elle est devant leurs yeux, elle éclaire leurs vices.
(*La Henriade*, de Voltaire.)

(34) Que dans tout ce qu'ils disent, ou tout ce qu'ils font, ces pauvres *gauchers* montrent donc de maladresse! en vérité, lorsqu'on voit leur conduite ou qu'on lit leurs écrits, on est souvent tenté de croire qu'ils sont complétement en démence, et que, moyennant cela, ils auraient le plus grand besoin d'aller faire un tour à Charenton pour obtenir une guérison *radicale*.

Cette remarque nous fait penser que les révolutionnaires anglais (où il n'y en a-t-il pas maintenant), sont connus sous le nom de *Radicaux*, comme ceux d'Espagne s'appellent *Libérales*, et ceux d'Italie *Carbonari*.

Le ciel nous les fait voir un poignard à la main:
Le ciel est juste et sage et ne fait rien en vain.
(*Athalie*, de Racine.)

(35) Dans le temps de *bien-heureuse* mémoire les *héros*, chevaliers de la *glorieuse* révolution avaient adopté entre eux la dénomination de *frères* et *amis* : or, comme maintenant les *vertueux* Jacobins et les *excellents* libéraux sont unis par les mêmes principes, il s'en suit delà que les premiers sont les FRÈRES, et les seconds les AMIS.

(36) On observe que les *énergiques* patriotes de l'*héroïque* péninsule portent le *glorieux* nom de DESCAMISADOS ; ce qui répond dans notre langue à celui de *Sans-Chemises* : Détestables fanatiques ! qu'on peut encore appeler à juste titre les *répugnans* apôtres du *Sans-Culottisme* espagnol !

La terre avec horreur dès long-temps les endure,
Et l'on n'en peut trop tôt délivrer la nature.

(*Esther,* de Racine.)

(37) Ce n'est pas sans raison, quoi qu'on en dise, qu'un fidèle ministre du Roi s'est servi à la tribune de l'expression proverbiale, RIRA BIEN QUI RIRA LE DERNIER, dans un moment où les mauvais plaisans du côté *gauche* se livraient à de sots et indécens mouvemens d'hilarité envers l'honorable orateur ; parce qu'il n'ignore pas, comme beaucoup d'autres, que la gaîté des *sournois* Libéraux n'est que factice, et qu'ils conserveront leur *taciturnité* tant qu'il y aura un Bourbon en France.

Fasse le ciel que les sincères et joyeux amis de cette famille chérie puissent toujours *rire les derniers !* c'est pour le coup qu'*ils riront bien !.....*

Reconnaissons les Dieux : le ciel dans sa justice
Ne veut pas des Bourbons que la race finisse.
Si le levain du crime existe encor chez nous,
A l'abri désormais nous craignons peu ses coups :

Un ciel pur et serein remplace un temps d'orage;
D'un avenir heureux chacun reçoit le gage,
Et la France, long-temps en pleurs près d'un tombeau,
Retrouve l'espérance à côté d'un berceau.
(*Ode sur la naissance du Duc de Bordeaux.*)

(58) Que d'*erreurs*, grand Dieu! les hommes de la révolution n'ont-ils pas commis et ne commettent-ils pas encore tous les jours!

Hélas! ils ont des rois immolé le plus sage!

et d'exécrables apologistes du régicide, pour lesquels les droits les plus sacrés sont *insignifians*, et les crimes les plus atroces deviennent un *devoir*, ont eu l'*infamie* de légitimer l'assassinat juridique du meilleur et du plus vertueux des monarques, en osant avancer que ce forfait inouï devait être considéré comme *une* OPINION *ou une* ERREUR *qu'on ne pouvait prévoir, ni même éviter*..... Horrible perfidie! détestable sophisme!

Barbares! c'est donc là cet affreux sacrifice
Que vos soins préparaient avec tant d'artifice!
Quoi! l'horreur de souscrire à cet ordre inhumain
N'a pas, en le traçant, arrêté votre main?
(*Iphigénie*, de Racine.)

(59) *Où es-tu glorieux temps, où nos bien-aimés Sans-Culottes battaient monnaie si énergiquement sur la place de l'excellente* RÉVOLUTION, *et commettaient tant d'erreurs patriotiques sur ce sol héroïque de la Liberté?* s'écrient souvent les braves *Frères* et *Amis*: Vain espoir, vœux impuissans, regrets superflus, ces jours affreux sont passés et ne reviendront plus, s'il plaît à Dieu!

O cruels souvenirs! ô jours remplis d'alarmes!
O combien les Français ont répandu de larmes!

Quand sous la même tombe ils ont vu réunis
Et l'époux et la femme, et la mère et le fils!
(*La Henriade*, de Voltaire.)

(40) C'est en vain que nos tartufes politiques, qui nous parlent toujours de conscience et d'honneur qu'ils n'ont pas, cherchent tous les moyens de se déguiser et de cacher, sous un MASQUE imposteur, leurs affreux desseins; malgré le manteau du patriotisme dont ils se couvrent, ces perfides hypocrites seront toujours reconnus et ne pourront jamais tromper les gens clairvoyans, qui leur diront avec toute l'indignation que leur coupable conduite inspire :

Au travers de son masque on voit à plein le traître,
Partant il est connu pour tout ce qu'il peut être;
Et ses roulemens d'yeux et son ton radouci
N'imposent qu'à des gens qui ne sont point d'ici.
(*Le Misantrope*, de Molière.)

(41) Convenons, en passant, que les acteurs de cette dégoûtante parade ont bien mérité la forte leçon qu'on leur a donnée dans cette occasion, et que tous les pasquins Jacobins et tous les pantins Libéraux auraient grand besoin d'en recevoir souvent de semblables pour les corriger de leur *gaucherie*, et amortir un peu leur trop grande *énergie*.

Il faut faire aux méchans guerre continuelle;
La paix est fort bonne de soi,
J'en conviens; mais de quoi sert-elle
Avec des ennemis sans foi?
(*Fables de La Fontaine.*)

(42) Il est impossible de pousser plus loin la mauvaise foi que ne le font nos déhontés anarchistes, qui, sans cesse armés d'un fer homicide ou d'une torche incendiaire, ont en-

core l'audace de protester hautement de leur INNOCENCE, et qui plus est, de crier à la persécution et à l'injustice, quand, par suite d'une évidente culpabilité, ces *indignes* citoyens sont traités comme ils le méritent.

Si le crime conspire, il est temps qu'aujourd'hui
La justice et l'honneur conspirent contre lui.
(*La Foudre*, journal.)

(43) Qui ne connaît le motif du frénétique enthousiasme qu'éprouvent, depuis quelque temps, les bonaparti-libéraux pour cette nouvelle tragédie révolutionnaire dans laquelle le républicain T***, sous la PERRUQUE du despote SYLLA, ressemble avec tant de *fidélité* au NÉRON du dix-neuvième siècle, si inhumainement, et, par conséquent, si *honteusement* célèbre dans les annales françaises, en dépit de ses *innocens* partisans qui prétendent qu'*il a fait trop de bien pour en dire du mal*.

Quant à nous, qui avons malheureusement, comme une infinité d'autres, la preuve trop convaincante du contraire, nous dirons purement et simplement, et cela avec autant de justice que de vérité, qu'*il a fait trop de mal pour en dire du bien*.....

Et son nom paraîtra dans la race future,
Aux plus cruels tyrans une cruelle injure.
(*Britannicus*, de Racine.)

(44) Le mot *événement* rappelle une des plus grandes absurdités des atroces révolutionnaires, qui ont l'*indignité* de traiter de *simple erreur* le douloureux sacrifice d'un Roi-martyr, et d'ÉVÉNEMENT *ordinaire* l'odieux assassinat d'un Prince royal !!!

O toi, soleil, ô toi qui rends le jour au monde,
Que ne l'as-tu laissé dans une nuit profonde!

A de si noirs forfaits prêtes-tu tes rayons?
Et peux-tu sans horreur voir ce que nous voyons?
(*La Thébaïde*, de Racine.)

Il est impossible de prêcher une doctrine plus perverse que ne le font ces êtres abominables, et on est forcé de convenir que les sanguinaires *Montagnards* n'en professaient pas d'autre !

Le ciel a trop fait voir, en de tels attentats,
Qu'il hait les assassins et punit les ingrats;
Et quoi qu'on entreprenne, et quoi qu'on exécute,
Quand il élève un trône il en venge la chute;
Il se met du parti de ceux qu'il fait régner;
Le coup dont on les tue est long-temps à saigner;
Et quand à les punir il a pu se résoudre,
De pareils châtimens n'appartiennent qu'au foudre.
(*Cinna*, de Corneille.)

Ces pénibles réflexions nous conduisent naturellement à remarquer que les Jacobins ont enfanté les régicides, les libéraux, les parricides, et à nous demander avec effroi à quels monstres, enfin, les *Constitutionnels* donneront le jour !!!

Quelques crimes toujours précèdent les grands crimes;
Quiconque a pu franchir les bornes légitimes,
Peut violer enfin les droits les plus sacrés:
Ainsi que la vertu le crime a ses degrés.
(*Phèdre*, de Racine.)

Qui croirait, d'après cela, que ces *frères* féroces ont l'impudence d'usurper le beau nom de philantrope, que les Vincent de Paule, les Fénélon, et beaucoup d'autres illustres personnages ont si justement mérité?

Au reste, on sait, par expérience, que toutes les espèces d'*usurpations* ne sont pas pour les *Vilains* Jacobins, comme pour les *répugnans* Libéraux, aussi *insignifiantes* qu'ils veulent bien nous le dire, et qu'au contraire elles ont à leurs yeux plus de *valeur* qu'on ne le pense.

Leur sourde ambition n'ignore point les brigues;
Souvent plus d'un pays s'est plaint de leurs intrigues.
(*La Henriade*, de Voltaire.)

(45) Celui-ci signale une autre turpitude des mêmes hommes (les exemples ne manquent pas), qui veulent absolument nous persuader que l'horrible attentat de l'*infâme* Louvel est *un crime* ISOLÉ.....

Il marche : ses amis instruits de son dessein,
Et de fleurs sous ses pas parfumant son chemin,
Remplis d'un saint respect aux portes le conduisent,
Bénissent son dessein, l'encouragent, l'instruisent,
Placent déjà son nom parmi les noms sacrés,
Dans les fastes du monde à jamais révérés,
Le nomment à grands cris le sauveur de la France,
Et l'encens à la main l'invoquent par avance.
(*La Henriade*, de Voltaire.)

Oui, sans doute, on sait parfaitement que ce monstre infernal a seul enfoncé le fatal poignard dans le sein de l'infortuné duc de Berry;

La même majesté sur son visage empreinte,
Près de son assassin montre un esprit sans crainte :
Sa vertu dans le crime augmente ainsi son lustre,
Et *son dernier soupir est un soupir illustre.*
(*La Mort de Pompée*, de Corneille.)

Mais on n'ignore pas non plus que les furieux Ligueurs de quatre-vingt-treize, vils apôtres de l'athéisme, ont armé le bras parricide de ce nouveau Ravaillac, le plus *énergique* fanatique comme le plus féroce *taciturne* de son siècle, qui a dit, comme un sournois libéral qu'il était : *Ils mourront tous.*

> *Aveuglement terrible! affreuse illusion!*
> Digne à la fois d'horreur et de compassion;
> De la mort du héros moins coupable peut-être
> Que ces lâches docteurs, ennemis de leur maître,
> Dont la voix, répandant un funeste poison,
> D'un sombre fanatique égara la raison!
>
> (*La Henriade*, de Voltaire.)

Pourquoi faut-il que les maudits ultras aient eu l'ignorante barbarie de rendre à sa religieuse destination le glorieux Panthéon français, se disent souvent entre eux les *innocens* louvelistes; *car*, ajoutent-ils, *sans ces détestables fanatiques, la patrie reconnaissante n'aurait pas manqué de placer au rang de ses grands hommes ce héros libéral, si injustement sacrifié, et même d'élever des statues à sa mémoire, après lui avoir accordé les honneurs de la sépulture dans ce temple magnifique, à côté des Voltaire, des Rousseau, des Mirabeau, des Marat, et de beaucoup d'autres excellens philosophes, morts, comme lui, dans le siècle brillant des lumières.*

> Du nom de citoyens du monde
> En vain leur secte furibonde
> Crut se faire un titre immortel;
> *L'erreur adora ces faux sages :*
> La raison, juste en ses hommages,
> N'encensa jamais leur autel.
>
> (*Œuvres de Gresset.*)

En tout cas, c'est affaire à vous, messieurs les libéraux :

> Vos pareils à deux fois ne se font pas connaître
> Et pour leur coup d'essai veulent des coups de maître.
>
> (*Le Cid*, de Corneille.)

(46) Cette dernière expression rappelle une autre *erreur* des *indignes Carbonari* de France. Ces *taciturnes* chevaliers du poignard, aussi mauvais oracles que ridicules fanfarons, ont très-*gauchement* prophétisé le triomphe de leurs bons *amis* de Naples, par le renversement de l'ancienne monarchie sicilienne, et l'élévation au nouveau trône *constitutionnel* de Pépé le Grand, le César des Abruzzes. L'*énergique* coryphée de la coterie libérale,

Le brave Achille, enfin, vanté par tant d'oracles,
Achille à qui le ciel promet tant de miracles,
(*Iphigénie*, de Racine.)

a même poussé la jactance jusqu'à dire qu'*une fois entrés dans cette province*, *les Autrichiens* N'EN SORTIRAIENT PLUS..... Hé bien! il n'est rien arrivé de tout cela : Les *maçons* Jacobins et les *charbonniers* Libéraux, ces idolâtres serviteurs de l'usurpation, en ont été, dans cette occasion, comme dans toutes autres, pour leur *honteuse* prédiction; c'est-à-dire que les *innocens* frères pénitens noirs du royaume de Naples sont depuis long-temps en pleine retraite, et que les Autrichiens occupent maintenant les Etats siciliens, d'où *ils ne sortiront* qu'après avoir entièrement détruit l'armée des infidèles Napolitains, et *radicalement* purgé le pays de la peste *carbonique*.

La honte suit toujours le parti des rebelles;
Leurs grandes actions sont les plus criminelles,
Ils signalent leur crime en signalant leurs bras,
Et *la gloire n'est point où les rois ne sont pas.*
(*La Thébaïde*, de Racine.)

Grande et utile leçon pour les révolutionnaires de tous les pays! notamment pour ceux de la péninsule, dans la défaite et le châtiment desquels on reconnaît l'œuvre miraculeux de la divine providence.

Pour dissiper leur ligue il (Dieu) n'a qu'à se montrer;
Il parle, et dans la poudre il les fait tous rentrer.
(*Esther*, de Racine.)

Espérons, qu'avec le secours de sages et habiles esculapes, les fidèles et vaillans défenseurs de la légitimité,

Glorieux de mourir pour le sang de nos rois,
Et plus heureux encor de mourir sous leurs lois,
(*La Thébaïde*, de Racine.)

parviendront de même à purger complétement le beau royaume d'Espagne de l'épidémie révolutionnaire qui le dévore depuis trop long-temps, connue sous le double nom de *lèpre* jacobine ou de *fièvre* libérale : autre peste morale, non moins funeste, hélas! que la maladie physique qui vient d'exercer de si cruels ravages dans ce malheureux pays.

Espérons que du ciel la justice infinie
Voudra se déclarer contre la tyrannie,
Et que, lassé de voir répandre tant de sang,
A chacun il rendra son légitime rang.
(*La Thébaïde*, de Racine.)

C'est le vœu le plus ardent que forment et que formeront toujours les véritables amis de l'ordre, de la justice et de l'humanité, en s'écriant avec nous :

Puisse de nos débats le souvenir affreux
Exciter la pitié de nos derniers neveux,
Arracher à leurs yeux des larmes salutaires,
Et *qu'ils n'imitent point les crimes de leurs pères!*
(*La Henriade*, de Voltaire.)

En attendant, et quoi qu'il en arrive, les royalistes par *excellence* auront constamment pour devise : *Dieu et le Roi;* et pour cri de ralliement : *Vive le Roi! Vive la France!*

> Fidèles à leur Dieu, fidèles à leurs lois,
> C'est l'honneur qui leur parle : ils marchent à sa voix.
>
> (*La Henriade*, de Voltaire.)

FIN.

DE L'IMPRIMERIE D'ADRIEN ÉGRON,
rue des Noyers, n° 37.

www.ingramcontent.com/pod-product-compliance
Ingram Content Group UK Ltd.
Pitfield, Milton Keynes, MK11 3LW, UK
UKHW020458230726
13925UKWH00005B/2022

9 782014 047332